Carolin Caprano

# Mein Trainings-Tagebuch für Pferde

CapKo - Books

# Impressum

© 2017 Carolin Caprano
Kontakt: www.carolin-caprano.com

publiziert von: CapKo – Books
www.capko-books.de

Covergestaltung: © Carolin Caprano
Titelfoto: © Sigbert Georgi/Shotshop.com

Foto Seite 10: © Weitblick/Shotshop.com
Foto Seite 24: © Elena/Shotshop.com
Foto Seite 59: © Maja S./Shotshop.com

Grafiken: © Carolin Caprano

ISBN: 978-3743193307

Herstellung und Verlag: BoD - Books on Demand, Norderstedt
2. Auflage Januar 2018

Bibliografische Information der Deutschen Nationalbibliothek
Die Deutsche Nationalbibliothek verzeichnet diese Publikation in der Deutschen National-bibliografie; detaillierte bibliografische Daten sind im Internet über http://dnb.d-nb.de abrufbar.

Das Werk einschließlich aller seiner Teile ist urheberrechtlich geschützt. Jede Verwertung außerhalb der engen Grenzen des Urheberrechtsgesetzes ist ohne Zustimmung der Autorin unzulässig und strafbar. Dies gilt insbesondere für Vervielfältigung, Übersetzungen, Mikroverfilmungen und die Einspeicherung und Verarbeitung in elektronische Systeme.

Haftungsausschluss: Die Autorin hat sich um richtige und zuverlässige Angaben bemüht. Fehler können jedoch nicht vollständig ausgeschlossen werden. Eine Garantie für die Richtigkeit der Angaben kann daher nicht gegeben werden. Eine Haftung für Schäden oder Unfälle wird aus keinem Rechtsgrund übernommen.

Carolin Caprano

# Mein Trainings-Tagebuch für Pferde

CapKo - Books

# Mein Trainings-Tagebuch für Pferde

# Vorwort

„Mein Trainings-Tagebuch für Pferde" soll dir die Möglichkeiten geben, eine schnelle und bequeme Übersicht darüber zu bekommen, was du tagtäglich mit deinem Pferd machst.
Notiere alle wichtigen Daten zu deinem Pferd und verwalte anstehende Termine, damit nichts mehr vergessen geht.

„Mein Trainings-Tagebuch für Pferde" bietet dir dabei Platz für 100 Tage Trainings-Eintragungen. Außerdem gibt es zwischendurch immer wieder ein paar nützliche Infos rund ums Thema Pferde.

Viel Spaß!

Mein Trainings-Tagebuch für Pferde

## Wichtige Daten

Name Pferd:
Rasse:
Geburtstag:
Pass- oder Chipnummer:
Besonderheiten:

Name Pferdebesitzer:
Telefonnummer:

Name Reitbeteiligung:
Telefonnummer:

Name Tierarzt:
Telefonnummer:

Name Hufschmied:
Telefonnummer:

Name Pferdezahnarzt:
Telefonnummer:

Name Pferdephysiotherapeut:
Telefonnummer:

# Mein Trainings-Tagebuch für Pferde

| Gesundheits-Check | nächster Termin | nächster Termin | nächster Termin | nächster Termin |
|---|---|---|---|---|
| Impfung | | | | |
| Wurmkur | | | | |
| Hufschmied | | | | |
| Zahnkontrolle | | | | |
| „Rundum-Check" TA | | | | |
| Pferdephysiotherapeut | | | | |

**Notizen:**

## Mein Trainings-Tagebuch für Pferde

Datum:
Zeit: ___:___ bis ___:___

- ○ Dressur (Englisch)
- ○ Gelände
- ○ Spaziergang an der Hand
- ○ Sonstiges
  _____

- ○ Dressur (Western)
- ○ Longe
- ○ Führanlage

**Trainingsverlauf:**
- ○ gleichbleibend

- ○ Springen
- ○ Bodenarbeit
- ○ Weide
- ○ Tendenz positiv ↑
- ○ Tendenz negativ ↓

Medikamentengabe:

Ergänzungsfuttermittel:

Besondere Hinweise:

---

Datum:
Zeit: ___:___ bis ___:___

- ○ Dressur (Englisch)
- ○ Gelände
- ○ Spaziergang an der Hand
- ○ Sonstiges
  _____

- ○ Dressur (Western)
- ○ Longe
- ○ Führanlage

**Trainingsverlauf:**
- ○ gleichbleibend

- ○ Springen
- ○ Bodenarbeit
- ○ Weide
- ○ Tendenz positiv ↑
- ○ Tendenz negativ ↓

Medikamentengabe:

Ergänzungsfuttermittel:

Besondere Hinweise:

# Mein Trainings-Tagebuch für Pferde

Datum:
Zeit:     ___:___ bis ___:___

- ○ Dressur (Englisch)
- ○ Gelände
- ○ Spaziergang an der Hand
- ○ Sonstiges
  _____

- ○ Dressur (Western)
- ○ Longe
- ○ Führanlage

**Trainingsverlauf:**
- ○ gleichbleibend

- ○ Springen
- ○ Bodenarbeit
- ○ Weide
- ○ Tendenz positiv ↑
- ○ Tendenz negativ ↓

Medikamentengabe:

Ergänzungsfuttermittel:

Besondere Hinweise:

---

Datum:
Zeit:     ___:___ bis ___:___

- ○ Dressur (Englisch)
- ○ Gelände
- ○ Spaziergang an der Hand
- ○ Sonstiges
  _____

- ○ Dressur (Western)
- ○ Longe
- ○ Führanlage

**Trainingsverlauf:**
- ○ gleichbleibend

- ○ Springen
- ○ Bodenarbeit
- ○ Weide
- ○ Tendenz positiv ↑
- ○ Tendenz negativ ↓

Medikamentengabe:

Ergänzungsfuttermittel:

Besondere Hinweise:

# Mein Trainings-Tagebuch für Pferde

Datum:
Zeit: ___:___ bis ___:___

- ○ Dressur (Englisch)
- ○ Gelände
- ○ Spaziergang an der Hand
- ○ Sonstiges
  _____
- ○ Dressur (Western)
- ○ Longe
- ○ Führanlage

**Trainingsverlauf:**
- ○ gleichbleibend

- ○ Springen
- ○ Bodenarbeit
- ○ Weide
- ○ Tendenz positiv ↑
- ○ Tendenz negativ ↓

Medikamentengabe:

Ergänzungsfuttermittel:

Besondere Hinweise:

---

Datum:
Zeit: ___:___ bis ___:___

- ○ Dressur (Englisch)
- ○ Gelände
- ○ Spaziergang an der Hand
- ○ Sonstiges
  _____
- ○ Dressur (Western)
- ○ Longe
- ○ Führanlage

**Trainingsverlauf:**
- ○ gleichbleibend

- ○ Springen
- ○ Bodenarbeit
- ○ Weide
- ○ Tendenz positiv ↑
- ○ Tendenz negativ ↓

Medikamentengabe:

Ergänzungsfuttermittel:

Besondere Hinweise:

## Mein Trainings-Tagebuch für Pferde

Datum:
Zeit: ___:___ bis ___:___

- ○ Dressur (Englisch)
- ○ Gelände
- ○ Spaziergang an der Hand
- ○ Sonstiges
  _____

- ○ Dressur (Western)
- ○ Longe
- ○ Führanlage

**Trainingsverlauf:**
- ○ gleichbleibend

- ○ Springen
- ○ Bodenarbeit
- ○ Weide
- ○ Tendenz positiv ↑
- ○ Tendenz negativ ↓

Medikamentengabe:

Ergänzungsfuttermittel:

Besondere Hinweise:

---

Datum:
Zeit: ___:___ bis ___:___

- ○ Dressur (Englisch)
- ○ Gelände
- ○ Spaziergang an der Hand
- ○ Sonstiges
  _____

- ○ Dressur (Western)
- ○ Longe
- ○ Führanlage

**Trainingsverlauf:**
- ○ gleichbleibend

- ○ Springen
- ○ Bodenarbeit
- ○ Weide
- ○ Tendenz positiv ↑
- ○ Tendenz negativ ↓

Medikamentengabe:

Ergänzungsfuttermittel:

Besondere Hinweise:

## Mein Trainings-Tagebuch für Pferde

Datum:
Zeit: ___:___ bis ___:___

- ○ Dressur (Englisch)
- ○ Gelände
- ○ Spaziergang an der Hand
- ○ Sonstiges
  _____

- ○ Dressur (Western)
- ○ Longe
- ○ Führanlage

**Trainingsverlauf:**
- ○ gleichbleibend

- ○ Springen
- ○ Bodenarbeit
- ○ Weide
- ○ Tendenz positiv ↑
- ○ Tendenz negativ ↓

Medikamentengabe:

Ergänzungsfuttermittel:

Besondere Hinweise:

---

Datum:
Zeit: ___:___ bis ___:___

- ○ Dressur (Englisch)
- ○ Gelände
- ○ Spaziergang an der Hand
- ○ Sonstiges
  _____

- ○ Dressur (Western)
- ○ Longe
- ○ Führanlage

**Trainingsverlauf:**
- ○ gleichbleibend

- ○ Springen
- ○ Bodenarbeit
- ○ Weide
- ○ Tendenz positiv ↑
- ○ Tendenz negativ ↓

Medikamentengabe:

Ergänzungsfuttermittel:

Besondere Hinweise:

# Mein Trainings-Tagebuch für Pferde

Datum:
Zeit:    ___:___  bis ___:___

- ○ Dressur (Englisch)
- ○ Gelände
- ○ Spaziergang an der Hand
- ○ Sonstiges
  _____
- ○ Dressur (Western)
- ○ Longe
- ○ Führanlage

**Trainingsverlauf:**
- ○ gleichbleibend

- ○ Springen
- ○ Bodenarbeit
- ○ Weide
- ○ Tendenz positiv ↑
- ○ Tendenz negativ ↓

Medikamentengabe:

Ergänzungsfuttermittel:

Besondere Hinweise:

---

Datum:
Zeit:    ___:___  bis ___:___

- ○ Dressur (Englisch)
- ○ Gelände
- ○ Spaziergang an der Hand
- ○ Sonstiges
  _____
- ○ Dressur (Western)
- ○ Longe
- ○ Führanlage

**Trainingsverlauf:**
- ○ gleichbleibend

- ○ Springen
- ○ Bodenarbeit
- ○ Weide
- ○ Tendenz positiv ↑
- ○ Tendenz negativ ↓

Medikamentengabe:

Ergänzungsfuttermittel:

Besondere Hinweise:

# Mein Trainings-Tagebuch für Pferde

## Schon gewusst?

Das Pferd ist ein Herdentier mit einem ausgeprägten Sozialleben. Das Leben in einer Gruppe bietet dem Fluchttier Pferd viele Vorteile. Gefahren können besser und schneller ausgemacht werden, da entsprechend viele Augen- und Ohrenpaare zu ihrer Wahrnehmung vorhanden sind. In einer Herde wachen außerdem immer einzelne ranghohe Tiere (Leithengst und Leitstute) in besonderem Maße über die gesamte Herde.

Der „Wachdienst" Einzelner ermöglicht auf diese Weise eine entspannte Bedürfniserfüllung der übrigen Herde wie das Fressen, Dösen oder Schlafen. Auch die Sozialkontakte untereinander sind für Pferde ein essenzieller Bestandteil des Zusammenlebens. Dabei ist die Klärung einer Rangordnung ein genauso wichtiger Teil wie das Knüpfen und Pflegen von Freundschaften einzelner Tiere untereinander.

Zum sogenannten Komfortverhalten zählen Wälzen oder Scheuern. Tiere, die sich gut verstehen, betreiben dann auch intensiven Körperkontakt wie die gegenseitige Fellpflege oder zeigen Spielverhalten (besonders häufig ist dies natürlich bei Fohlen zu beobachten).

Pferde animieren sich gegenseitig durch Anstoßen, Umkreisen oder leichtes Kneifen zum Spielen. Buckeln, Auskeilen oder Jagen gehören zum Spielverhalten, wie auch das Üben von Kampfsituationen für spätere Hengstkämpfe.

# Mein Trainings-Tagebuch für Pferde

Datum:
Zeit: ___:___ bis ___:___

- ○ Dressur (Englisch)
- ○ Gelände
- ○ Spaziergang an der Hand
- ○ Sonstiges
_____

- ○ Dressur (Western)
- ○ Longe
- ○ Führanlage

**Trainingsverlauf:**
- ○ gleichbleibend

- ○ Springen
- ○ Bodenarbeit
- ○ Weide
- ○ Tendenz positiv ↑
- ○ Tendenz negativ ↓

Medikamentengabe:

Ergänzungsfuttermittel:

Besondere Hinweise:

---

Datum:
Zeit: ___:___ bis ___:___

- ○ Dressur (Englisch)
- ○ Gelände
- ○ Spaziergang an der Hand
- ○ Sonstiges
_____

- ○ Dressur (Western)
- ○ Longe
- ○ Führanlage

**Trainingsverlauf:**
- ○ gleichbleibend

- ○ Springen
- ○ Bodenarbeit
- ○ Weide
- ○ Tendenz positiv ↑
- ○ Tendenz negativ ↓

Medikamentengabe:

Ergänzungsfuttermittel:

Besondere Hinweise:

## Mein Trainings-Tagebuch für Pferde

Datum:
Zeit: ___:___ bis ___:___

- ○ Dressur (Englisch)
- ○ Gelände
- ○ Spaziergang an der Hand
- ○ Sonstiges
  _____

- ○ Dressur (Western)
- ○ Longe
- ○ Führanlage

**Trainingsverlauf:**
- ○ gleichbleibend

- ○ Springen
- ○ Bodenarbeit
- ○ Weide
- ○ Tendenz positiv ↑
- ○ Tendenz negativ ↓

Medikamentengabe:

Ergänzungsfuttermittel:

Besondere Hinweise:

---

Datum:
Zeit: ___:___ bis ___:___

- ○ Dressur (Englisch)
- ○ Gelände
- ○ Spaziergang an der Hand
- ○ Sonstiges
  _____

- ○ Dressur (Western)
- ○ Longe
- ○ Führanlage

**Trainingsverlauf:**
- ○ gleichbleibend

- ○ Springen
- ○ Bodenarbeit
- ○ Weide
- ○ Tendenz positiv ↑
- ○ Tendenz negativ ↓

Medikamentengabe:

Ergänzungsfuttermittel:

Besondere Hinweise:

## Mein Trainings-Tagebuch für Pferde

Datum:
Zeit: ___:___ bis ___:___

- ○ Dressur (Englisch)
- ○ Gelände
- ○ Spaziergang an der Hand
- ○ Sonstiges
  _____

- ○ Dressur (Western)
- ○ Longe
- ○ Führanlage

**Trainingsverlauf:**
- ○ gleichbleibend

- ○ Springen
- ○ Bodenarbeit
- ○ Weide
- ○ Tendenz positiv ↑
- ○ Tendenz negativ ↓

Medikamentengabe:

Ergänzungsfuttermittel:

Besondere Hinweise:

---

Datum:
Zeit: ___:___ bis ___:___

- ○ Dressur (Englisch)
- ○ Gelände
- ○ Spaziergang an der Hand
- ○ Sonstiges
  _____

- ○ Dressur (Western)
- ○ Longe
- ○ Führanlage

**Trainingsverlauf:**
- ○ gleichbleibend

- ○ Springen
- ○ Bodenarbeit
- ○ Weide
- ○ Tendenz positiv ↑
- ○ Tendenz negativ ↓

Medikamentengabe:

Ergänzungsfuttermittel:

Besondere Hinweise:

# Mein Trainings-Tagebuch für Pferde

Datum:
Zeit:     ___:___ bis ___:___

- ○ Dressur (Englisch)
- ○ Gelände
- ○ Spaziergang an der Hand
- ○ Sonstiges
  _____
- ○ Dressur (Western)
- ○ Longe
- ○ Führanlage

**Trainingsverlauf:**
- ○ gleichbleibend

- ○ Springen
- ○ Bodenarbeit
- ○ Weide
- ○ Tendenz positiv ↑
- ○ Tendenz negativ ↓

Medikamentengabe:

Ergänzungsfuttermittel:

Besondere Hinweise:

---

Datum:
Zeit:     ___:___ bis ___:___

- ○ Dressur (Englisch)
- ○ Gelände
- ○ Spaziergang an der Hand
- ○ Sonstiges
  _____
- ○ Dressur (Western)
- ○ Longe
- ○ Führanlage

**Trainingsverlauf:**
- ○ gleichbleibend

- ○ Springen
- ○ Bodenarbeit
- ○ Weide
- ○ Tendenz positiv ↑
- ○ Tendenz negativ ↓

Medikamentengabe:

Ergänzungsfuttermittel:

Besondere Hinweise:

## Mein Trainings-Tagebuch für Pferde

Datum:
Zeit:     ___:___ bis ___:___

- ○ Dressur (Englisch)
- ○ Gelände
- ○ Spaziergang an der Hand
- ○ Sonstiges
  _____

- ○ Dressur (Western)
- ○ Longe
- ○ Führanlage
- **Trainingsverlauf:**
  - ○ gleichbleibend

- ○ Springen
- ○ Bodenarbeit
- ○ Weide
- ○ Tendenz positiv ↑
- ○ Tendenz negativ ↓

Medikamentengabe:

Ergänzungsfuttermittel:

Besondere Hinweise:

---

Datum:
Zeit:     ___:___ bis ___:___

- ○ Dressur (Englisch)
- ○ Gelände
- ○ Spaziergang an der Hand
- ○ Sonstiges
  _____

- ○ Dressur (Western)
- ○ Longe
- ○ Führanlage
- **Trainingsverlauf:**
  - ○ gleichbleibend

- ○ Springen
- ○ Bodenarbeit
- ○ Weide
- ○ Tendenz positiv ↑
- ○ Tendenz negativ ↓

Medikamentengabe:

Ergänzungsfuttermittel:

Besondere Hinweise:

## Mein Trainings-Tagebuch für Pferde

Datum:
Zeit: ___:___ bis ___:___

- ○ Dressur (Englisch)
- ○ Gelände
- ○ Spaziergang an der Hand
- ○ Sonstiges
  _____
- ○ Dressur (Western)
- ○ Longe
- ○ Führanlage

**Trainingsverlauf:**
- ○ gleichbleibend

- ○ Springen
- ○ Bodenarbeit
- ○ Weide
- ○ Tendenz positiv ↑
- ○ Tendenz negativ ↓

Medikamentengabe:

Ergänzungsfuttermittel:

Besondere Hinweise:

---

Datum:
Zeit: ___:___ bis ___:___

- ○ Dressur (Englisch)
- ○ Gelände
- ○ Spaziergang an der Hand
- ○ Sonstiges
  _____
- ○ Dressur (Western)
- ○ Longe
- ○ Führanlage

**Trainingsverlauf:**
- ○ gleichbleibend

- ○ Springen
- ○ Bodenarbeit
- ○ Weide
- ○ Tendenz positiv ↑
- ○ Tendenz negativ ↓

Medikamentengabe:

Ergänzungsfuttermittel:

Besondere Hinweise:

# Mein Trainings-Tagebuch für Pferde

## Schon gewusst?

Als Exterieur bezeichnet man, das Äußere, also die Außenseite des Pferdes bzw. die äußere Erscheinung. Im Gegensatz dazu steht das Interieur, bei dem die inneren Eigenschaften und Merkmale des Pferdes beschrieben werden.

Zum Exterieur gehören der Kopf mit den Ganaschen, der Hals, der Rumpf mit Widerrist, Rücken und Kruppe. Außerdem die Vorder- und Hinterbeine sowie die Hufstellung und die Größe (Stockmaß). Aber auch das Fell mit Farben und Zeichnung bestimmen das Exterieur eines Pferdes. Das Stockmaß wird übrigens mit einem Zollstock oder einem Maßband (dann als Bandmaß bezeichnet) vom Boden des Vorderbeins bis zum Widerrist gemessen.

Das Exterieur spielt bei der Beurteilung der Leistungsfähigkeit eines Tieres eine wichtige Rolle.

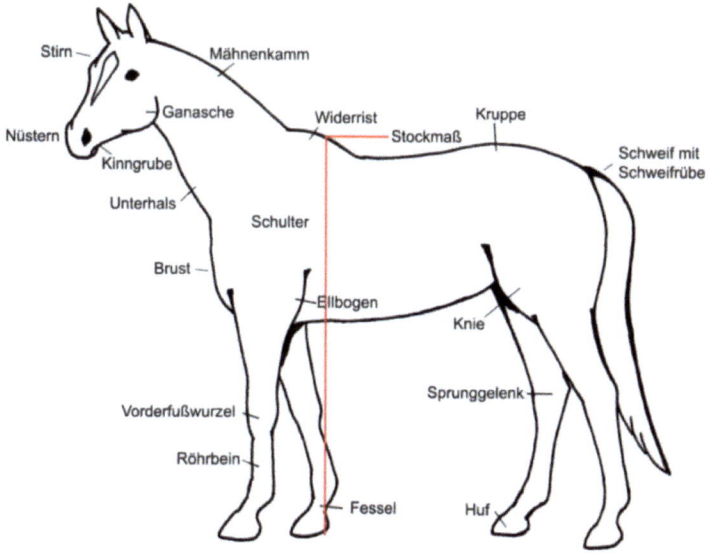

## Mein Trainings-Tagebuch für Pferde

Datum:
Zeit: ___:___ bis ___:___

- ○ Dressur (Englisch)
- ○ Gelände
- ○ Spaziergang an der Hand
- ○ Sonstiges
  _____
- ○ Dressur (Western)
- ○ Longe
- ○ Führanlage

**Trainingsverlauf:**
- ○ gleichbleibend

- ○ Springen
- ○ Bodenarbeit
- ○ Weide
- ○ Tendenz positiv ↑
- ○ Tendenz negativ ↓

Medikamentengabe:

Ergänzungsfuttermittel:

Besondere Hinweise:

---

Datum:
Zeit: ___:___ bis ___:___

- ○ Dressur (Englisch)
- ○ Gelände
- ○ Spaziergang an der Hand
- ○ Sonstiges
  _____
- ○ Dressur (Western)
- ○ Longe
- ○ Führanlage

**Trainingsverlauf:**
- ○ gleichbleibend

- ○ Springen
- ○ Bodenarbeit
- ○ Weide
- ○ Tendenz positiv ↑
- ○ Tendenz negativ ↓

Medikamentengabe:

Ergänzungsfuttermittel:

Besondere Hinweise:

# Mein Trainings-Tagebuch für Pferde

Datum:
Zeit: ___:___ bis ___:___

- ◯ Dressur (Englisch)
- ◯ Gelände
- ◯ Spaziergang an der Hand
- ◯ Sonstiges
  _____
- ◯ Dressur (Western)
- ◯ Longe
- ◯ Führanlage

**Trainingsverlauf:**
- ◯ gleichbleibend
- ◯ Springen
- ◯ Bodenarbeit
- ◯ Weide
- ◯ Tendenz positiv ↑
- ◯ Tendenz negativ ↓

Medikamentengabe:

Ergänzungsfuttermittel:

Besondere Hinweise:

---

Datum:
Zeit: ___:___ bis ___:___

- ◯ Dressur (Englisch)
- ◯ Gelände
- ◯ Spaziergang an der Hand
- ◯ Sonstiges
  _____
- ◯ Dressur (Western)
- ◯ Longe
- ◯ Führanlage

**Trainingsverlauf:**
- ◯ gleichbleibend
- ◯ Springen
- ◯ Bodenarbeit
- ◯ Weide
- ◯ Tendenz positiv ↑
- ◯ Tendenz negativ ↓

Medikamentengabe:

Ergänzungsfuttermittel:

Besondere Hinweise:

# Mein Trainings-Tagebuch für Pferde

Datum:
Zeit: ___:___ bis ___:___

- ○ Dressur (Englisch)
- ○ Gelände
- ○ Spaziergang an der Hand
- ○ Sonstiges
  _____

- ○ Dressur (Western)
- ○ Longe
- ○ Führanlage

**Trainingsverlauf:**
- ○ gleichbleibend

- ○ Springen
- ○ Bodenarbeit
- ○ Weide
- ○ Tendenz positiv ↑
- ○ Tendenz negativ ↓

Medikamentengabe:

Ergänzungsfuttermittel:

Besondere Hinweise:

---

Datum:
Zeit: ___:___ bis ___:___

- ○ Dressur (Englisch)
- ○ Gelände
- ○ Spaziergang an der Hand
- ○ Sonstiges
  _____

- ○ Dressur (Western)
- ○ Longe
- ○ Führanlage

**Trainingsverlauf:**
- ○ gleichbleibend

- ○ Springen
- ○ Bodenarbeit
- ○ Weide
- ○ Tendenz positiv ↑
- ○ Tendenz negativ ↓

Medikamentengabe:

Ergänzungsfuttermittel:

Besondere Hinweise:

## Mein Trainings-Tagebuch für Pferde

Datum:
Zeit: ___:___ bis ___:___

- ○ Dressur (Englisch)
- ○ Gelände
- ○ Spaziergang an der Hand
- ○ Sonstiges
  _____

- ○ Dressur (Western)
- ○ Longe
- ○ Führanlage

**Trainingsverlauf:**
- ○ gleichbleibend

- ○ Springen
- ○ Bodenarbeit
- ○ Weide
- ○ Tendenz positiv ↑
- ○ Tendenz negativ ↓

Medikamentengabe:

Ergänzungsfuttermittel:

Besondere Hinweise:

---

Datum:
Zeit: ___:___ bis ___:___

- ○ Dressur (Englisch)
- ○ Gelände
- ○ Spaziergang an der Hand
- ○ Sonstiges
  _____

- ○ Dressur (Western)
- ○ Longe
- ○ Führanlage

**Trainingsverlauf:**
- ○ gleichbleibend

- ○ Springen
- ○ Bodenarbeit
- ○ Weide
- ○ Tendenz positiv ↑
- ○ Tendenz negativ ↓

Medikamentengabe:

Ergänzungsfuttermittel:

Besondere Hinweise:

## Mein Trainings-Tagebuch für Pferde

Datum:
Zeit: ___:___ bis ___:___

- ○ Dressur (Englisch)
- ○ Gelände
- ○ Spaziergang an der Hand
- ○ Sonstiges
  _____
- ○ Dressur (Western)
- ○ Longe
- ○ Führanlage

**Trainingsverlauf:**
- ○ gleichbleibend
- ○ Springen
- ○ Bodenarbeit
- ○ Weide
- ○ Tendenz positiv ↑
- ○ Tendenz negativ ↓

Medikamentengabe:

Ergänzungsfuttermittel:

Besondere Hinweise:

---

Datum:
Zeit: ___:___ bis ___:___

- ○ Dressur (Englisch)
- ○ Gelände
- ○ Spaziergang an der Hand
- ○ Sonstiges
  _____
- ○ Dressur (Western)
- ○ Longe
- ○ Führanlage

**Trainingsverlauf:**
- ○ gleichbleibend
- ○ Springen
- ○ Bodenarbeit
- ○ Weide
- ○ Tendenz positiv ↑
- ○ Tendenz negativ ↓

Medikamentengabe:

Ergänzungsfuttermittel:

Besondere Hinweise:

## Mein Trainings-Tagebuch für Pferde

Datum:
Zeit: ___:___ bis ___:___

- ○ Dressur (Englisch)
- ○ Gelände
- ○ Spaziergang an der Hand
- ○ Sonstiges
  _____

- ○ Dressur (Western)
- ○ Longe
- ○ Führanlage

**Trainingsverlauf:**
- ○ gleichbleibend

- ○ Springen
- ○ Bodenarbeit
- ○ Weide
- ○ Tendenz positiv ↑
- ○ Tendenz negativ ↓

Medikamentengabe:

Ergänzungsfuttermittel:

Besondere Hinweise:

---

Datum:
Zeit: ___:___ bis ___:___

- ○ Dressur (Englisch)
- ○ Gelände
- ○ Spaziergang an der Hand
- ○ Sonstiges
  _____

- ○ Dressur (Western)
- ○ Longe
- ○ Führanlage

**Trainingsverlauf:**
- ○ gleichbleibend

- ○ Springen
- ○ Bodenarbeit
- ○ Weide
- ○ Tendenz positiv ↑
- ○ Tendenz negativ ↓

Medikamentengabe:

Ergänzungsfuttermittel:

Besondere Hinweise:

# Mein Trainings-Tagebuch für Pferde

## Schon gewusst?

Das Pferd wurde während seiner langen Entwicklungsgeschichte vom ehemaligen Waldbewohner zum Steppentier. Es ernährte sich entsprechend dem Nahrungsangebot vor allem durch rohfaserreiches und energiearmes Futter. Die Fresszeit konnte dabei bis zu 16 Stunden pro Tag betragen.

Der Magen des Pferdes ist im Verhältnis zur Gesamtgröße des Tieres relativ klein und hat im Durchschnitt ein Fassungsvermögen von 12 - 14 Litern. Der Magen ist zudem nur begrenzt dehnfähig. Um die tägliche Nahrungsmenge aufnehmen zu können legte das Pferd lange Strecken zurück.
Pferde bewegten sich ursprünglich also allein zur Futteraufnahme schon ungefähr 2/3 des Tages im Schritt langsam vorwärts. Die langsame aber kontinuierliche Fortbewegung hielt den Bewegungsapparat gesund und die Hufe nutzten sich auf natürliche Weise ab.

Merkmal dieser Lebensbedingungen waren zudem relativ große Temperaturschwankung zwischen Tag und Nacht. Pferde haben deshalb eine hervorragende Thermoregulation. Sonneneinstrahlung war und ist zudem für die Gesunderhaltung wichtig, da Pferde einen relativ hohen Bedarf an Sonnenlicht für bestimmte Stoffwechselprozesse haben. Unter Sonneneinstrahlung bildet der Körper eine ausreichende Mengen des "Sonnen-Vitamins" D3 in der Haut.
Heutzutage gibt es viele verschiedene Futtermittel für Pferde. Eine erste Einteilung erfolgt in Grundfutter (auch Grobfutter), Saftfutter und Kraftfutter. Das wichtigste Grundfutter für Pferde ist das Raufutter.

Unter Raufutter versteht man Futtermittel die einen relativ hohen Gehalt an strukturierter Rohfaser (→Anteil eines Futtermittels, der nach Behandlung mit verdünnten Säuren und Laugen als unverdaulicher Bestandteil zurückbleibt) besitzen. Zum Raufutter zählen: Heu, Stroh, Silage / Heulage und Luzerne.

# Mein Trainings-Tagebuch für Pferde

Datum:
Zeit: ___:___ bis ___:___

- ○ Dressur (Englisch)
- ○ Gelände
- ○ Spaziergang an der Hand
- ○ Sonstiges
  _____

- ○ Dressur (Western)
- ○ Longe
- ○ Führanlage

**Trainingsverlauf:**
- ○ gleichbleibend

- ○ Springen
- ○ Bodenarbeit
- ○ Weide
- ○ Tendenz positiv ↑
- ○ Tendenz negativ ↓

Medikamentengabe:

Ergänzungsfuttermittel:

Besondere Hinweise:

---

Datum:
Zeit: ___:___ bis ___:___

- ○ Dressur (Englisch)
- ○ Gelände
- ○ Spaziergang an der Hand
- ○ Sonstiges
  _____

- ○ Dressur (Western)
- ○ Longe
- ○ Führanlage

**Trainingsverlauf:**
- ○ gleichbleibend

- ○ Springen
- ○ Bodenarbeit
- ○ Weide
- ○ Tendenz positiv ↑
- ○ Tendenz negativ ↓

Medikamentengabe:

Ergänzungsfuttermittel:

Besondere Hinweise:

## Mein Trainings-Tagebuch für Pferde

Datum:
Zeit: ___:___ bis ___:___

- ○ Dressur (Englisch)
- ○ Gelände
- ○ Spaziergang an der Hand
- ○ Sonstiges
  _____

- ○ Dressur (Western)
- ○ Longe
- ○ Führanlage

**Trainingsverlauf:**
- ○ gleichbleibend

- ○ Springen
- ○ Bodenarbeit
- ○ Weide
- ○ Tendenz positiv ↑
- ○ Tendenz negativ ↓

Medikamentengabe:

Ergänzungsfuttermittel:

Besondere Hinweise:

---

Datum:
Zeit: ___:___ bis ___:___

- ○ Dressur (Englisch)
- ○ Gelände
- ○ Spaziergang an der Hand
- ○ Sonstiges
  _____

- ○ Dressur (Western)
- ○ Longe
- ○ Führanlage

**Trainingsverlauf:**
- ○ gleichbleibend

- ○ Springen
- ○ Bodenarbeit
- ○ Weide
- ○ Tendenz positiv ↑
- ○ Tendenz negativ ↓

Medikamentengabe:

Ergänzungsfuttermittel:

Besondere Hinweise:

# Mein Trainings-Tagebuch für Pferde

Datum:
Zeit: ___:___ bis ___:___

- ○ Dressur (Englisch)
- ○ Gelände
- ○ Spaziergang an der Hand
- ○ Sonstiges
  _____
- ○ Dressur (Western)
- ○ Longe
- ○ Führanlage

**Trainingsverlauf:**
- ○ gleichbleibend

- ○ Springen
- ○ Bodenarbeit
- ○ Weide
- ○ Tendenz positiv ↑
- ○ Tendenz negativ ↓

Medikamentengabe:

Ergänzungsfuttermittel:

Besondere Hinweise:

---

Datum:
Zeit: ___:___ bis ___:___

- ○ Dressur (Englisch)
- ○ Gelände
- ○ Spaziergang an der Hand
- ○ Sonstiges
  _____
- ○ Dressur (Western)
- ○ Longe
- ○ Führanlage

**Trainingsverlauf:**
- ○ gleichbleibend

- ○ Springen
- ○ Bodenarbeit
- ○ Weide
- ○ Tendenz positiv ↑
- ○ Tendenz negativ ↓

Medikamentengabe:

Ergänzungsfuttermittel:

Besondere Hinweise:

## Mein Trainings-Tagebuch für Pferde

Datum:
Zeit: ___:___ bis ___:___

- ◯ Dressur (Englisch)
- ◯ Gelände
- ◯ Spaziergang an der Hand
- ◯ Sonstiges
  _____

- ◯ Dressur (Western)
- ◯ Longe
- ◯ Führanlage

**Trainingsverlauf:**
- ◯ gleichbleibend

- ◯ Springen
- ◯ Bodenarbeit
- ◯ Weide
- ◯ Tendenz positiv ↑
- ◯ Tendenz negativ ↓

Medikamentengabe:

Ergänzungsfuttermittel:

Besondere Hinweise:

---

Datum:
Zeit: ___:___ bis ___:___

- ◯ Dressur (Englisch)
- ◯ Gelände
- ◯ Spaziergang an der Hand
- ◯ Sonstiges
  _____

- ◯ Dressur (Western)
- ◯ Longe
- ◯ Führanlage

**Trainingsverlauf:**
- ◯ gleichbleibend

- ◯ Springen
- ◯ Bodenarbeit
- ◯ Weide
- ◯ Tendenz positiv ↑
- ◯ Tendenz negativ ↓

Medikamentengabe:

Ergänzungsfuttermittel:

Besondere Hinweise:

# Mein Trainings-Tagebuch für Pferde

Datum:
Zeit: ___:___ bis ___:___

- ○ Dressur (Englisch)
- ○ Gelände
- ○ Spaziergang an der Hand
- ○ Sonstiges
  _____

- ○ Dressur (Western)
- ○ Longe
- ○ Führanlage

**Trainingsverlauf:**
- ○ gleichbleibend

- ○ Springen
- ○ Bodenarbeit
- ○ Weide
- ○ Tendenz positiv ↑
- ○ Tendenz negativ ↓

Medikamentengabe:

Ergänzungsfuttermittel:

Besondere Hinweise:

---

Datum:
Zeit: ___:___ bis ___:___

- ○ Dressur (Englisch)
- ○ Gelände
- ○ Spaziergang an der Hand
- ○ Sonstiges
  _____

- ○ Dressur (Western)
- ○ Longe
- ○ Führanlage

**Trainingsverlauf:**
- ○ gleichbleibend

- ○ Springen
- ○ Bodenarbeit
- ○ Weide
- ○ Tendenz positiv ↑
- ○ Tendenz negativ ↓

Medikamentengabe:

Ergänzungsfuttermittel:

Besondere Hinweise:

## Mein Trainings-Tagebuch für Pferde

Datum:
Zeit: ___:___ bis ___:___

- ○ Dressur (Englisch)
- ○ Gelände
- ○ Spaziergang an der Hand
- ○ Sonstiges
  _____
- ○ Dressur (Western)
- ○ Longe
- ○ Führanlage

**Trainingsverlauf:**
- ○ gleichbleibend

- ○ Springen
- ○ Bodenarbeit
- ○ Weide
- ○ Tendenz positiv ↑
- ○ Tendenz negativ ↓

Medikamentengabe:

Ergänzungsfuttermittel:

Besondere Hinweise:

---

Datum:
Zeit: ___:___ bis ___:___

- ○ Dressur (Englisch)
- ○ Gelände
- ○ Spaziergang an der Hand
- ○ Sonstiges
  _____
- ○ Dressur (Western)
- ○ Longe
- ○ Führanlage

**Trainingsverlauf:**
- ○ gleichbleibend

- ○ Springen
- ○ Bodenarbeit
- ○ Weide
- ○ Tendenz positiv ↑
- ○ Tendenz negativ ↓

Medikamentengabe:

Ergänzungsfuttermittel:

Besondere Hinweise:

# Mein Trainings-Tagebuch für Pferde

## Schon gewusst?

Auf der ganzen Welt gibt es mittlerweile ca. 250 verschiedene Rassen, die sich je nach Nutzung und Zuchtzielen unterscheiden. Eine grundlegende Einteilung der verschiedenen Typen erfolgt in Großpferde und Ponys. Großpferde werden wiederum in Kaltblüter, Warmblüter und Vollblüter unterteilt. Darüber hinaus gibt es noch etliche sogenannte Spezialrassen.

Jede Pferderasse hat neben den pferdetypischen auch rassetypische Eigenschaften und bestimmte äußerliche Merkmale:

### Ponys

Ponys haben ein Stockmaß bis zu 1,48m (sogenanntes Endmaß). Typisch ist eine rundere Form mit großer Kruppenbreite. Die Stirn ist breit und die Ohren eher kurz.
Ponys sind sehr gesellig, verträglich, und besonders für die Gruppenhaltung geeignet. Sie haben einen starken Herdentrieb, eine sehr gute Kältetoleranz, sind ausdauernd und genügsam.

### Kaltblüter

Das Kaltblut als Trag- und Zugtier hat einen massigen Körperbau mit „gespaltener" Kruppe. Typisch ist ein schwerer Kopf mit kleinen Augen und schmaler Stirn. Sie gelten als sehr trittsicher, gelassen und gutmütig. Allerdings lernen Kaltblüter oft langsamer, behalten einmal Gelerntes jedoch sehr gut. Für die Gruppenhaltung in kleineren Gruppen geeignet.

### Warmblüter

Sie sind größer als Ponys und leichter als Kaltblüter. Warmblüter haben oft ein feines und kurzes Fell und sind das typische Reit- und Sporttier. Sie zeichnet eine hohe Leistungsbereitschaft und ein großes Bewegungsbedürfnis aus, sie können jedoch leichter zu „Übererregbarkeit" neigen. Da sie häufig größere Individualdistanzen zeigen, sollte für die Gruppenhaltung mehr Platz für das einzelne Pferd eingeplant und bei der Zusammenstellung der Gruppe jeweils besonders verträgliche Tiere zusammengebracht werden.

### Vollblut

Das Vollblut unterteilt sich in das Arabische und Englische. Diese Pferde haben einen sehr feingliedrigen Körperbau mit kleinen Köpfen und großen Augen. Sie sind sensibel und leicht erregbar, reaktionsschnell und haben ein sehr hohes Bewegungsbedürfnis. Vor allem Araber sind sehr kontaktfreudig, umgänglich und für die Gruppenhaltung gut geeignet.

## Mein Trainings-Tagebuch für Pferde

Datum:
Zeit: ___:___ bis ___:___

- ○ Dressur (Englisch)
- ○ Gelände
- ○ Spaziergang an der Hand
- ○ Sonstiges
  _____

- ○ Dressur (Western)
- ○ Longe
- ○ Führanlage

**Trainingsverlauf:**
- ○ gleichbleibend

- ○ Springen
- ○ Bodenarbeit
- ○ Weide
- ○ Tendenz positiv ↑
- ○ Tendenz negativ ↓

Medikamentengabe:

Ergänzungsfuttermittel:

Besondere Hinweise:

---

Datum:
Zeit: ___:___ bis ___:___

- ○ Dressur (Englisch)
- ○ Gelände
- ○ Spaziergang an der Hand
- ○ Sonstiges
  _____

- ○ Dressur (Western)
- ○ Longe
- ○ Führanlage

**Trainingsverlauf:**
- ○ gleichbleibend

- ○ Springen
- ○ Bodenarbeit
- ○ Weide
- ○ Tendenz positiv ↑
- ○ Tendenz negativ ↓

Medikamentengabe:

Ergänzungsfuttermittel:

Besondere Hinweise:

# Mein Trainings-Tagebuch für Pferde

Datum:
Zeit: ___:___ bis ___:___

- ○ Dressur (Englisch)
- ○ Gelände
- ○ Spaziergang an der Hand
- ○ Sonstiges
  _____

- ○ Dressur (Western)
- ○ Longe
- ○ Führanlage

**Trainingsverlauf:**
- ○ gleichbleibend

- ○ Springen
- ○ Bodenarbeit
- ○ Weide
- ○ Tendenz positiv ↑
- ○ Tendenz negativ ↓

Medikamentengabe:

Ergänzungsfuttermittel:

Besondere Hinweise:

---

Datum:
Zeit: ___:___ bis ___:___

- ○ Dressur (Englisch)
- ○ Gelände
- ○ Spaziergang an der Hand
- ○ Sonstiges
  _____

- ○ Dressur (Western)
- ○ Longe
- ○ Führanlage

**Trainingsverlauf:**
- ○ gleichbleibend

- ○ Springen
- ○ Bodenarbeit
- ○ Weide
- ○ Tendenz positiv ↑
- ○ Tendenz negativ ↓

Medikamentengabe:

Ergänzungsfuttermittel:

Besondere Hinweise:

# Mein Trainings-Tagebuch für Pferde

Datum:
Zeit: ___:___ bis ___:___

| | | |
|---|---|---|
| ○ Dressur (Englisch) | ○ Dressur (Western) | ○ Springen |
| ○ Gelände | ○ Longe | ○ Bodenarbeit |
| ○ Spaziergang an der Hand | ○ Führanlage | ○ Weide |
| ○ Sonstiges _____ | **Trainingsverlauf:**<br>○ gleichbleibend | ○ Tendenz positiv ↑<br>○ Tendenz negativ ↓ |

Medikamentengabe:

Ergänzungsfuttermittel:

Besondere Hinweise:

---

Datum:
Zeit: ___:___ bis ___:___

| | | |
|---|---|---|
| ○ Dressur (Englisch) | ○ Dressur (Western) | ○ Springen |
| ○ Gelände | ○ Longe | ○ Bodenarbeit |
| ○ Spaziergang an der Hand | ○ Führanlage | ○ Weide |
| ○ Sonstiges _____ | **Trainingsverlauf:**<br>○ gleichbleibend | ○ Tendenz positiv ↑<br>○ Tendenz negativ ↓ |

Medikamentengabe:

Ergänzungsfuttermittel:

Besondere Hinweise:

# Mein Trainings-Tagebuch für Pferde

Datum:
Zeit: ___:___ bis ___:___

- ○ Dressur (Englisch)
- ○ Gelände
- ○ Spaziergang an der Hand
- ○ Sonstiges
_____

- ○ Dressur (Western)
- ○ Longe
- ○ Führanlage

**Trainingsverlauf:**
- ○ gleichbleibend

- ○ Springen
- ○ Bodenarbeit
- ○ Weide
- ○ Tendenz positiv ↑
- ○ Tendenz negativ ↓

Medikamentengabe:

Ergänzungsfuttermittel:

Besondere Hinweise:

---

Datum:
Zeit: ___:___ bis ___:___

- ○ Dressur (Englisch)
- ○ Gelände
- ○ Spaziergang an der Hand
- ○ Sonstiges
_____

- ○ Dressur (Western)
- ○ Longe
- ○ Führanlage

**Trainingsverlauf:**
- ○ gleichbleibend

- ○ Springen
- ○ Bodenarbeit
- ○ Weide
- ○ Tendenz positiv ↑
- ○ Tendenz negativ ↓

Medikamentengabe:

Ergänzungsfuttermittel:

Besondere Hinweise:

## Mein Trainings-Tagebuch für Pferde

Datum:
Zeit: ___:___ bis ___:___

- ○ Dressur (Englisch)
- ○ Gelände
- ○ Spaziergang an der Hand
- ○ Sonstiges
  _____

- ○ Dressur (Western)
- ○ Longe
- ○ Führanlage

**Trainingsverlauf:**
- ○ gleichbleibend

- ○ Springen
- ○ Bodenarbeit
- ○ Weide
- ○ Tendenz positiv ↑
- ○ Tendenz negativ ↓

Medikamentengabe:

Ergänzungsfuttermittel:

Besondere Hinweise:

---

Datum:
Zeit: ___:___ bis ___:___

- ○ Dressur (Englisch)
- ○ Gelände
- ○ Spaziergang an der Hand
- ○ Sonstiges
  _____

- ○ Dressur (Western)
- ○ Longe
- ○ Führanlage

**Trainingsverlauf:**
- ○ gleichbleibend

- ○ Springen
- ○ Bodenarbeit
- ○ Weide
- ○ Tendenz positiv ↑
- ○ Tendenz negativ ↓

Medikamentengabe:

Ergänzungsfuttermittel:

Besondere Hinweise:

# Mein Trainings-Tagebuch für Pferde

Datum:
Zeit: ___:___ bis ___:___

- ○ Dressur (Englisch)
- ○ Gelände
- ○ Spaziergang an der Hand
- ○ Sonstiges
  _____

- ○ Dressur (Western)
- ○ Longe
- ○ Führanlage

**Trainingsverlauf:**
- ○ gleichbleibend

- ○ Springen
- ○ Bodenarbeit
- ○ Weide
- ○ Tendenz positiv ↑
- ○ Tendenz negativ ↓

Medikamentengabe:

Ergänzungsfuttermittel:

Besondere Hinweise:

---

Datum:
Zeit: ___:___ bis ___:___

- ○ Dressur (Englisch)
- ○ Gelände
- ○ Spaziergang an der Hand
- ○ Sonstiges
  _____

- ○ Dressur (Western)
- ○ Longe
- ○ Führanlage

**Trainingsverlauf:**
- ○ gleichbleibend

- ○ Springen
- ○ Bodenarbeit
- ○ Weide
- ○ Tendenz positiv ↑
- ○ Tendenz negativ ↓

Medikamentengabe:

Ergänzungsfuttermittel:

Besondere Hinweise:

# Mein Trainings-Tagebuch für Pferde

## Schon gewusst?

Man braucht keine medizinische Ausbildung um die wichtigsten Werte bei seinem Pferd selbst zu checken. Wenn man die physiologischen Werte seines Pferde kennt und regelmäßig überprüft, hat man gute Chancen, einen Krankheitszustand möglichst schnell zu bemerken.

Relativ einfach für jeden zu überprüfen sind die sogenannten PAT-Werte (Puls, Atmung, Temperatur):

**Puls:** **im Ruhezustand 28 – 40 Schläge/Minute**

Am besten misst man den Puls an der Unterkante der Ganasche. Dort findet man eine kleine Einkerbung, durch die die Gesichtsarterie läuft. Mit Zeige- und/oder Mittelfinger misst man die Schläge 15 Sekunden lang und multiplizieren den Wert dann mit 4.

**Atmung:** **im Ruhezustand 8 – 16 Atemzüge/Minute**

Die Atemfrequenz beurteilt man anhand der Flankenbewegung. Man stellt sich dazu schräg neben das Pferd und zählt eine Minute lang, wie häufig das Pferd ein- und ausatmet.

**Temperatur:** **im Ruhezustand 37,5 bis 38,0 (38,4) °C**

Mit Hilfe eines handelsüblichen Fieberthermometers misst man die Temperatur. Das Thermometer wird dazu in den After eingeschoben und festgehalten, bis die Temperatur gemessen ist. Physiologisch leichte Schwankungen gibt es durch: Tageszeit, Nahrungsaufnahme, Kaltwasseraufnahme, Brunst, während der Geburt, durch die Außentemperatur und während der Körperbewegung.

**Weitere Indikatoren:**

- Schleimhäute: sollten blassrosa sein
- Hautelastizität: Hautfalte nach Hautfaltentest sollte in kürzester Zeit wieder glatt werden
- Darmgeräusche: 8-12 getrennte Geräusche pro Minute sind physiologisch

## Mein Trainings-Tagebuch für Pferde

Datum:
Zeit: ___:___ bis ___:___

| | | |
|---|---|---|
| ○ Dressur (Englisch) | ○ Dressur (Western) | ○ Springen |
| ○ Gelände | ○ Longe | ○ Bodenarbeit |
| ○ Spaziergang an der Hand | ○ Führanlage | ○ Weide |
| ○ Sonstiges _____ | **Trainingsverlauf:** <br> ○ gleichbleibend | ○ Tendenz positiv ↑ <br> ○ Tendenz negativ ↓ |

Medikamentengabe:

Ergänzungsfuttermittel:

Besondere Hinweise:

---

Datum:
Zeit: ___:___ bis ___:___

| | | |
|---|---|---|
| ○ Dressur (Englisch) | ○ Dressur (Western) | ○ Springen |
| ○ Gelände | ○ Longe | ○ Bodenarbeit |
| ○ Spaziergang an der Hand | ○ Führanlage | ○ Weide |
| ○ Sonstiges _____ | **Trainingsverlauf:** <br> ○ gleichbleibend | ○ Tendenz positiv ↑ <br> ○ Tendenz negativ ↓ |

Medikamentengabe:

Ergänzungsfuttermittel:

Besondere Hinweise:

## Mein Trainings-Tagebuch für Pferde

Datum:
Zeit:  ___:___  bis ___:___

- ○ Dressur (Englisch)
- ○ Gelände
- ○ Spaziergang an der Hand
- ○ Sonstiges
  _____

- ○ Dressur (Western)
- ○ Longe
- ○ Führanlage

**Trainingsverlauf:**
- ○ gleichbleibend

- ○ Springen
- ○ Bodenarbeit
- ○ Weide
- ○ Tendenz positiv ↑
- ○ Tendenz negativ ↓

Medikamentengabe:

Ergänzungsfuttermittel:

Besondere Hinweise:

---

Datum:
Zeit:  ___:___  bis ___:___

- ○ Dressur (Englisch)
- ○ Gelände
- ○ Spaziergang an der Hand
- ○ Sonstiges
  _____

- ○ Dressur (Western)
- ○ Longe
- ○ Führanlage

**Trainingsverlauf:**
- ○ gleichbleibend

- ○ Springen
- ○ Bodenarbeit
- ○ Weide
- ○ Tendenz positiv ↑
- ○ Tendenz negativ ↓

Medikamentengabe:

Ergänzungsfuttermittel:

Besondere Hinweise:

## Mein Trainings-Tagebuch für Pferde

Datum:
Zeit:     ___:___ bis ___:___

- ○ Dressur (Englisch)
- ○ Gelände
- ○ Spaziergang an der Hand
- ○ Sonstiges
  _____
- ○ Dressur (Western)
- ○ Longe
- ○ Führanlage

**Trainingsverlauf:**
- ○ gleichbleibend

- ○ Springen
- ○ Bodenarbeit
- ○ Weide
- ○ Tendenz positiv ↑
- ○ Tendenz negativ ↓

Medikamentengabe:

Ergänzungsfuttermittel:

Besondere Hinweise:

---

Datum:
Zeit:     ___:___ bis ___:___

- ○ Dressur (Englisch)
- ○ Gelände
- ○ Spaziergang an der Hand
- ○ Sonstiges
  _____
- ○ Dressur (Western)
- ○ Longe
- ○ Führanlage

**Trainingsverlauf:**
- ○ gleichbleibend

- ○ Springen
- ○ Bodenarbeit
- ○ Weide
- ○ Tendenz positiv ↑
- ○ Tendenz negativ ↓

Medikamentengabe:

Ergänzungsfuttermittel:

Besondere Hinweise:

## Mein Trainings-Tagebuch für Pferde

Datum:
Zeit: ___:___ bis ___:___

| | | |
|---|---|---|
| ○ Dressur (Englisch) | ○ Dressur (Western) | ○ Springen |
| ○ Gelände | ○ Longe | ○ Bodenarbeit |
| ○ Spaziergang an der Hand | ○ Führanlage | ○ Weide |
| ○ Sonstiges _____ | **Trainingsverlauf:** ○ gleichbleibend | ○ Tendenz positiv ↑ ○ Tendenz negativ ↓ |

Medikamentengabe:

Ergänzungsfuttermittel:

Besondere Hinweise:

---

Datum:
Zeit: ___:___ bis ___:___

| | | |
|---|---|---|
| ○ Dressur (Englisch) | ○ Dressur (Western) | ○ Springen |
| ○ Gelände | ○ Longe | ○ Bodenarbeit |
| ○ Spaziergang an der Hand | ○ Führanlage | ○ Weide |
| ○ Sonstiges _____ | **Trainingsverlauf:** ○ gleichbleibend | ○ Tendenz positiv ↑ ○ Tendenz negativ ↓ |

Medikamentengabe:

Ergänzungsfuttermittel:

Besondere Hinweise:

## Mein Trainings-Tagebuch für Pferde

Datum:
Zeit: ___:___ bis ___:___

- ○ Dressur (Englisch)
- ○ Gelände
- ○ Spaziergang an der Hand
- ○ Sonstiges
_____
- ○ Dressur (Western)
- ○ Longe
- ○ Führanlage

**Trainingsverlauf:**
- ○ gleichbleibend

- ○ Springen
- ○ Bodenarbeit
- ○ Weide
- ○ Tendenz positiv ↑
- ○ Tendenz negativ ↓

Medikamentengabe:

Ergänzungsfuttermittel:

Besondere Hinweise:

---

Datum:
Zeit: ___:___ bis ___:___

- ○ Dressur (Englisch)
- ○ Gelände
- ○ Spaziergang an der Hand
- ○ Sonstiges
_____
- ○ Dressur (Western)
- ○ Longe
- ○ Führanlage

**Trainingsverlauf:**
- ○ gleichbleibend

- ○ Springen
- ○ Bodenarbeit
- ○ Weide
- ○ Tendenz positiv ↑
- ○ Tendenz negativ ↓

Medikamentengabe:

Ergänzungsfuttermittel:

Besondere Hinweise:

## Mein Trainings-Tagebuch für Pferde

Datum:
Zeit: ___:___ bis ___:___

- ○ Dressur (Englisch)
- ○ Gelände
- ○ Spaziergang an der Hand
- ○ Sonstiges
  _____

- ○ Dressur (Western)
- ○ Longe
- ○ Führanlage

**Trainingsverlauf:**
- ○ gleichbleibend

- ○ Springen
- ○ Bodenarbeit
- ○ Weide
- ○ Tendenz positiv ↑
- ○ Tendenz negativ ↓

Medikamentengabe:

Ergänzungsfuttermittel:

Besondere Hinweise:

---

Datum:
Zeit: ___:___ bis ___:___

- ○ Dressur (Englisch)
- ○ Gelände
- ○ Spaziergang an der Hand
- ○ Sonstiges
  _____

- ○ Dressur (Western)
- ○ Longe
- ○ Führanlage

**Trainingsverlauf:**
- ○ gleichbleibend

- ○ Springen
- ○ Bodenarbeit
- ○ Weide
- ○ Tendenz positiv ↑
- ○ Tendenz negativ ↓

Medikamentengabe:

Ergänzungsfuttermittel:

Besondere Hinweise:

# Mein Trainings-Tagebuch für Pferde

## Schon gewusst?

Mittels Besichtigung und Palpation (Betasten mit den Händen) eines Pferdes beurteilt man seine Größe und sein Gewicht. Es handelt sich bei der Beurteilung um den sogenannten BCS (*Body Condition Score*).

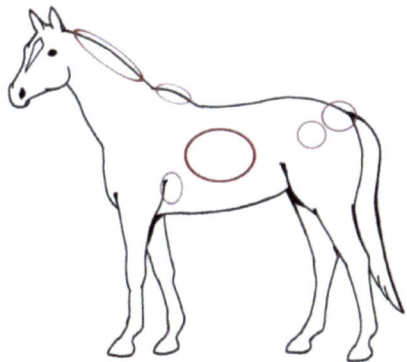

Je nach Rasse muss auch der unterschiedliche Körperbau beachtet werden.
Es gibt Pferdetypen die entsprechend als schwer (z. B. Kaltblutrassen) oder leicht (z. B. Vollblutrassen) bezeichnet werden und durch unterschiedliches Exterieur nicht miteinander zu vergleichen sind.

Zu Übergewicht kommt es meist durch zu viel Futtermenge mit hohen Energie-, Eiweiß- und Fettwerten. Müssen die Tiere dann keine angepasst hohe Arbeitsleistung erbringen, wird sich dies (wie bei uns Menschen), als Fettdepots niederschlagen.
Bei untergewichtigen Pferden ist es genau umgekehrt. Hier ist die Futtermenge entsprechend der Arbeitsleistung zu gering. Aber auch psychische und physische Faktoren können Grund dafür sein, dass Pferde schlecht fressen oder einfach nicht zunehmen wollen.

**Pferdegewicht ermitteln**
*Berechnung der Lebendmasse des Pferdes aus Brustumfang und Körperlänge (Buggelenk bis Sitzbeinhöcker) nach Carroll & Huntington:*

$$\text{Lebendmasse (kg)} = \frac{\text{Brustumfang (in cm}^2\text{)} \times \text{Körperlänge (in cm)}}{11900}$$

Weitere Möglichkeiten:
- Pferdewaage
- Gewichts-Maßband

# Mein Trainings-Tagebuch für Pferde

Datum:
Zeit:  ___:___ bis ___:___

- ○ Dressur (Englisch)
- ○ Gelände
- ○ Spaziergang an der Hand
- ○ Sonstiges
  _____

- ○ Dressur (Western)
- ○ Longe
- ○ Führanlage

**Trainingsverlauf:**
- ○ gleichbleibend

- ○ Springen
- ○ Bodenarbeit
- ○ Weide
- ○ Tendenz positiv ↑
- ○ Tendenz negativ ↓

Medikamentengabe:

Ergänzungsfuttermittel:

Besondere Hinweise:

---

Datum:
Zeit:  ___:___ bis ___:___

- ○ Dressur (Englisch)
- ○ Gelände
- ○ Spaziergang an der Hand
- ○ Sonstiges
  _____

- ○ Dressur (Western)
- ○ Longe
- ○ Führanlage

**Trainingsverlauf:**
- ○ gleichbleibend

- ○ Springen
- ○ Bodenarbeit
- ○ Weide
- ○ Tendenz positiv ↑
- ○ Tendenz negativ ↓

Medikamentengabe:

Ergänzungsfuttermittel:

Besondere Hinweise:

# Mein Trainings-Tagebuch für Pferde

Datum:
Zeit: ___:___ bis ___:___

- ○ Dressur (Englisch)
- ○ Gelände
- ○ Spaziergang an der Hand
- ○ Sonstiges
  _____

- ○ Dressur (Western)
- ○ Longe
- ○ Führanlage

**Trainingsverlauf:**
- ○ gleichbleibend

- ○ Springen
- ○ Bodenarbeit
- ○ Weide
- ○ Tendenz positiv ↑
- ○ Tendenz negativ ↓

Medikamentengabe:

Ergänzungsfuttermittel:

Besondere Hinweise:

---

Datum:
Zeit: ___:___ bis ___:___

- ○ Dressur (Englisch)
- ○ Gelände
- ○ Spaziergang an der Hand
- ○ Sonstiges
  _____

- ○ Dressur (Western)
- ○ Longe
- ○ Führanlage

**Trainingsverlauf:**
- ○ gleichbleibend

- ○ Springen
- ○ Bodenarbeit
- ○ Weide
- ○ Tendenz positiv ↑
- ○ Tendenz negativ ↓

Medikamentengabe:

Ergänzungsfuttermittel:

Besondere Hinweise:

# Mein Trainings-Tagebuch für Pferde

Datum:
Zeit:  ___:___ bis ___:___

- ○ Dressur (Englisch)
- ○ Gelände
- ○ Spaziergang an der Hand
- ○ Sonstiges
  _____
- ○ Dressur (Western)
- ○ Longe
- ○ Führanlage

**Trainingsverlauf:**
- ○ gleichbleibend

- ○ Springen
- ○ Bodenarbeit
- ○ Weide
- ○ Tendenz positiv ↑
- ○ Tendenz negativ ↓

Medikamentengabe:

Ergänzungsfuttermittel:

Besondere Hinweise:

---

Datum:
Zeit:  ___:___ bis ___:___

- ○ Dressur (Englisch)
- ○ Gelände
- ○ Spaziergang an der Hand
- ○ Sonstiges
  _____
- ○ Dressur (Western)
- ○ Longe
- ○ Führanlage

**Trainingsverlauf:**
- ○ gleichbleibend

- ○ Springen
- ○ Bodenarbeit
- ○ Weide
- ○ Tendenz positiv ↑
- ○ Tendenz negativ ↓

Medikamentengabe:

Ergänzungsfuttermittel:

Besondere Hinweise:

# Mein Trainings-Tagebuch für Pferde

| Datum: |
| --- |
| Zeit: ___:___ bis ___:___ |

| ○ Dressur (Englisch) | ○ Dressur (Western) | ○ Springen |
| --- | --- | --- |
| ○ Gelände | ○ Longe | ○ Bodenarbeit |
| ○ Spaziergang an der Hand | ○ Führanlage | ○ Weide |
| ○ Sonstiges _____ | **Trainingsverlauf:** ○ gleichbleibend | ○ Tendenz positiv ↑ ○ Tendenz negativ ↓ |

Medikamentengabe:

Ergänzungsfuttermittel:

Besondere Hinweise:

---

| Datum: |
| --- |
| Zeit: ___:___ bis ___:___ |

| ○ Dressur (Englisch) | ○ Dressur (Western) | ○ Springen |
| --- | --- | --- |
| ○ Gelände | ○ Longe | ○ Bodenarbeit |
| ○ Spaziergang an der Hand | ○ Führanlage | ○ Weide |
| ○ Sonstiges _____ | **Trainingsverlauf:** ○ gleichbleibend | ○ Tendenz positiv ↑ ○ Tendenz negativ ↓ |

Medikamentengabe:

Ergänzungsfuttermittel:

Besondere Hinweise:

## Mein Trainings-Tagebuch für Pferde

Datum:
Zeit: ___:___ bis ___:___

- ○ Dressur (Englisch)
- ○ Gelände
- ○ Spaziergang an der Hand
- ○ Sonstiges
  _____

- ○ Dressur (Western)
- ○ Longe
- ○ Führanlage
- **Trainingsverlauf:**
  - ○ gleichbleibend

- ○ Springen
- ○ Bodenarbeit
- ○ Weide
- ○ Tendenz positiv ↑
- ○ Tendenz negativ ↓

Medikamentengabe:

Ergänzungsfuttermittel:

Besondere Hinweise:

---

Datum:
Zeit: ___:___ bis ___:___

- ○ Dressur (Englisch)
- ○ Gelände
- ○ Spaziergang an der Hand
- ○ Sonstiges
  _____

- ○ Dressur (Western)
- ○ Longe
- ○ Führanlage
- **Trainingsverlauf:**
  - ○ gleichbleibend

- ○ Springen
- ○ Bodenarbeit
- ○ Weide
- ○ Tendenz positiv ↑
- ○ Tendenz negativ ↓

Medikamentengabe:

Ergänzungsfuttermittel:

Besondere Hinweise:

## Mein Trainings-Tagebuch für Pferde

Datum:
Zeit: ___:___ bis ___:___

- ○ Dressur (Englisch)
- ○ Gelände
- ○ Spaziergang an der Hand
- ○ Sonstiges
_____

- ○ Dressur (Western)
- ○ Longe
- ○ Führanlage

**Trainingsverlauf:**
- ○ gleichbleibend

- ○ Springen
- ○ Bodenarbeit
- ○ Weide
- ○ Tendenz positiv ↑
- ○ Tendenz negativ ↓

Medikamentengabe:

Ergänzungsfuttermittel:

Besondere Hinweise:

---

Datum:
Zeit: ___:___ bis ___:___

- ○ Dressur (Englisch)
- ○ Gelände
- ○ Spaziergang an der Hand
- ○ Sonstiges
_____

- ○ Dressur (Western)
- ○ Longe
- ○ Führanlage

**Trainingsverlauf:**
- ○ gleichbleibend

- ○ Springen
- ○ Bodenarbeit
- ○ Weide
- ○ Tendenz positiv ↑
- ○ Tendenz negativ ↓

Medikamentengabe:

Ergänzungsfuttermittel:

Besondere Hinweise:

# Mein Trainings-Tagebuch für Pferde

## Schon gewusst?

Bei einem Offenstall steht dem Pferd ein Unterstand zur Verfügung, bei dem es jederzeit hinein- und wieder herauslaufen kann. Eine Seite oder eine Tür ist also stets offen. Der Unterstand sollte dabei mit der offenen Seite möglichst windgeschützt aufgebaut werden.

Dieser Unterstand bietet Schutz vor Witterung wie Regen, starker Sonneneinstrahlung, Wind, Hagel oder Schnee. Die Temperatur ist jedoch identisch mit der Außentemperatur.
Der Offenstall ist immer auf einem großen Paddock oder einer großen Koppel aufgestellt, sodass die Pferde praktisch jeden Tag des Jahres im Freien verbringen können.
Diese Art der Haltung wird deshalb auch als Robusthaltung bezeichnet, denn sie setzt voraus, dass die Pferde entsprechend abgehärtet gegen Temperaturschwankungen sind. Es sollten immer Gruppen, je nach Größe der Koppel oder des Paddocks, von mind. zwei Pferden zusammen gehalten werden.

Pferde, die recht dünnes Fell haben, im Winter eingedeckt werden sollen oder vorher nur geschlossene Boxenhaltung gewöhnt sind, eignen sich unter Umständen weniger oder müssen erst sehr behutsam umgewöhnt werden. Auch bestimmte Erkrankungen, die ein Ruhigstellen des Pferdes erfordern, können ein Grund dafür sein, ein Pferd zunächst in einer Box zu belassen.

Bei der Pflege ist der Offenstall um einiges zeitaufwendiger. Der Unterstand ist meist wie eine Box mit Stroh ausgelegt und muss täglich gereinigt werden. Hinzu kommen Koppel oder Paddock, die überprüft und abgeäppelt werden müssen. Trinkvorrichtungen sind vor allem winter- bzw. frostsicher zu gestalten.

## Mein Trainings-Tagebuch für Pferde

Datum:
Zeit:  ___:___ bis ___:___

- ○ Dressur (Englisch)
- ○ Gelände
- ○ Spaziergang an der Hand
- ○ Sonstiges
  _____
- ○ Dressur (Western)
- ○ Longe
- ○ Führanlage

**Trainingsverlauf:**
- ○ gleichbleibend

- ○ Springen
- ○ Bodenarbeit
- ○ Weide
- ○ Tendenz positiv ↑
- ○ Tendenz negativ ↓

Medikamentengabe:

Ergänzungsfuttermittel:

Besondere Hinweise:

---

Datum:
Zeit:  ___:___ bis ___:___

- ○ Dressur (Englisch)
- ○ Gelände
- ○ Spaziergang an der Hand
- ○ Sonstiges
  _____
- ○ Dressur (Western)
- ○ Longe
- ○ Führanlage

**Trainingsverlauf:**
- ○ gleichbleibend

- ○ Springen
- ○ Bodenarbeit
- ○ Weide
- ○ Tendenz positiv ↑
- ○ Tendenz negativ ↓

Medikamentengabe:

Ergänzungsfuttermittel:

Besondere Hinweise:

## Mein Trainings-Tagebuch für Pferde

Datum:
Zeit: ___:___ bis ___:___

- ○ Dressur (Englisch)
- ○ Gelände
- ○ Spaziergang an der Hand
- ○ Sonstiges
  _____

- ○ Dressur (Western)
- ○ Longe
- ○ Führanlage

**Trainingsverlauf:**
- ○ gleichbleibend

- ○ Springen
- ○ Bodenarbeit
- ○ Weide
- ○ Tendenz positiv ↑
- ○ Tendenz negativ ↓

Medikamentengabe:

Ergänzungsfuttermittel:

Besondere Hinweise:

---

Datum:
Zeit: ___:___ bis ___:___

- ○ Dressur (Englisch)
- ○ Gelände
- ○ Spaziergang an der Hand
- ○ Sonstiges
  _____

- ○ Dressur (Western)
- ○ Longe
- ○ Führanlage

**Trainingsverlauf:**
- ○ gleichbleibend

- ○ Springen
- ○ Bodenarbeit
- ○ Weide
- ○ Tendenz positiv ↑
- ○ Tendenz negativ ↓

Medikamentengabe:

Ergänzungsfuttermittel:

Besondere Hinweise:

## Mein Trainings-Tagebuch für Pferde

Datum:
Zeit: ___:___ bis ___:___

- ○ Dressur (Englisch)
- ○ Gelände
- ○ Spaziergang an der Hand
- ○ Sonstiges
  _____

- ○ Dressur (Western)
- ○ Longe
- ○ Führanlage

**Trainingsverlauf:**
- ○ gleichbleibend

- ○ Springen
- ○ Bodenarbeit
- ○ Weide
- ○ Tendenz positiv ↑
- ○ Tendenz negativ ↓

Medikamentengabe:

Ergänzungsfuttermittel:

Besondere Hinweise:

---

Datum:
Zeit: ___:___ bis ___:___

- ○ Dressur (Englisch)
- ○ Gelände
- ○ Spaziergang an der Hand
- ○ Sonstiges
  _____

- ○ Dressur (Western)
- ○ Longe
- ○ Führanlage

**Trainingsverlauf:**
- ○ gleichbleibend

- ○ Springen
- ○ Bodenarbeit
- ○ Weide
- ○ Tendenz positiv ↑
- ○ Tendenz negativ ↓

Medikamentengabe:

Ergänzungsfuttermittel:

Besondere Hinweise:

## Mein Trainings-Tagebuch für Pferde

Datum:
Zeit:  ___:___ bis ___:___

- ○ Dressur (Englisch)
- ○ Gelände
- ○ Spaziergang an der Hand
- ○ Sonstiges
  _____

- ○ Dressur (Western)
- ○ Longe
- ○ Führanlage

**Trainingsverlauf:**
- ○ gleichbleibend

- ○ Springen
- ○ Bodenarbeit
- ○ Weide
- ○ Tendenz positiv ↑
- ○ Tendenz negativ ↓

Medikamentengabe:

Ergänzungsfuttermittel:

Besondere Hinweise:

---

Datum:
Zeit:  ___:___ bis ___:___

- ○ Dressur (Englisch)
- ○ Gelände
- ○ Spaziergang an der Hand
- ○ Sonstiges
  _____

- ○ Dressur (Western)
- ○ Longe
- ○ Führanlage

**Trainingsverlauf:**
- ○ gleichbleibend

- ○ Springen
- ○ Bodenarbeit
- ○ Weide
- ○ Tendenz positiv ↑
- ○ Tendenz negativ ↓

Medikamentengabe:

Ergänzungsfuttermittel:

Besondere Hinweise:

# Mein Trainings-Tagebuch für Pferde

Datum:
Zeit:     ___:___  bis ___:___

- ○ Dressur (Englisch)
- ○ Gelände
- ○ Spaziergang an der Hand
- ○ Sonstiges
  _____

- ○ Dressur (Western)
- ○ Longe
- ○ Führanlage

**Trainingsverlauf:**
- ○ gleichbleibend

- ○ Springen
- ○ Bodenarbeit
- ○ Weide
- ○ Tendenz positiv ↑
- ○ Tendenz negativ ↓

Medikamentengabe:

Ergänzungsfuttermittel:

Besondere Hinweise:

---

Datum:
Zeit:     ___:___  bis ___:___

- ○ Dressur (Englisch)
- ○ Gelände
- ○ Spaziergang an der Hand
- ○ Sonstiges
  _____

- ○ Dressur (Western)
- ○ Longe
- ○ Führanlage

**Trainingsverlauf:**
- ○ gleichbleibend

- ○ Springen
- ○ Bodenarbeit
- ○ Weide
- ○ Tendenz positiv ↑
- ○ Tendenz negativ ↓

Medikamentengabe:

Ergänzungsfuttermittel:

Besondere Hinweise:

# Mein Trainings-Tagebuch für Pferde

Datum:
Zeit: ___:___ bis ___:___

- ○ Dressur (Englisch)
- ○ Gelände
- ○ Spaziergang an der Hand
- ○ Sonstiges
  _____

- ○ Dressur (Western)
- ○ Longe
- ○ Führanlage

**Trainingsverlauf:**
- ○ gleichbleibend

- ○ Springen
- ○ Bodenarbeit
- ○ Weide
- ○ Tendenz positiv ↑
- ○ Tendenz negativ ↓

Medikamentengabe:

Ergänzungsfuttermittel:

Besondere Hinweise:

---

Datum:
Zeit: ___:___ bis ___:___

- ○ Dressur (Englisch)
- ○ Gelände
- ○ Spaziergang an der Hand
- ○ Sonstiges
  _____

- ○ Dressur (Western)
- ○ Longe
- ○ Führanlage

**Trainingsverlauf:**
- ○ gleichbleibend

- ○ Springen
- ○ Bodenarbeit
- ○ Weide
- ○ Tendenz positiv ↑
- ○ Tendenz negativ ↓

Medikamentengabe:

Ergänzungsfuttermittel:

Besondere Hinweise:

# Mein Trainings-Tagebuch für Pferde

## Schon gewusst?

So wie die Hunde, gehören auch die Pferde zu den sogenannten „Nasentieren". Das bedeutet, sie haben einen ausgeprägten Geruchssinn, über den sie ihre Umwelt wahrnehmen und analysieren.

Der Geruchssinn hilft den Pferden bei der Suche und der Beurteilung von Wasser und Futter, sie können darüber Feinde riechen und auch Angst oder Aggression wahrnehmen. Durch das Riechen können sie Artgenossen identifizieren und auch (Sexual-)Partner finden. Auch die Erkennung (und Bindung) zwischen Stute und Fohlen erfolgt über den Geruch.
Um so gut riechen zu können, ist das Naseninnere mit einer speziellen und sensiblen Riechschleimhaut überzogen.

Eine Besonderheit ist zudem das Jacobson-Organ, über welches das Pferd Geruchsreize erfassen kann, die von der Riechschleimhaut nicht mehr erkannt werden. Mit diesem speziellen Organ „schmecken" Pferde sozusagen einen bestimmten Geruch. Dabei entsteht auch ein ganz typischer Gesichtsausdruck: das Flehmen. Dabei streckt das Pferd seinen Kopf hoch, stülpt die Innenseite der Oberlippe nach außen und verdreht die Augen.

Pferde flehmen immer dann, wenn sie einen bestimmten Geruch besonders gründlich wahrnehmen wollen, wie z.B. Urin- oder Kotmarkierungen, Sexual- und andere Pheromone.

## Mein Trainings-Tagebuch für Pferde

Datum:
Zeit: ___:___ bis ___:___

- ○ Dressur (Englisch)
- ○ Gelände
- ○ Spaziergang an der Hand
- ○ Sonstiges
  _____

- ○ Dressur (Western)
- ○ Longe
- ○ Führanlage

**Trainingsverlauf:**
- ○ gleichbleibend

- ○ Springen
- ○ Bodenarbeit
- ○ Weide
- ○ Tendenz positiv ↑
- ○ Tendenz negativ ↓

Medikamentengabe:

Ergänzungsfuttermittel:

Besondere Hinweise:

---

Datum:
Zeit: ___:___ bis ___:___

- ○ Dressur (Englisch)
- ○ Gelände
- ○ Spaziergang an der Hand
- ○ Sonstiges
  _____

- ○ Dressur (Western)
- ○ Longe
- ○ Führanlage

**Trainingsverlauf:**
- ○ gleichbleibend

- ○ Springen
- ○ Bodenarbeit
- ○ Weide
- ○ Tendenz positiv ↑
- ○ Tendenz negativ ↓

Medikamentengabe:

Ergänzungsfuttermittel:

Besondere Hinweise:

## Mein Trainings-Tagebuch für Pferde

Datum:
Zeit: ___:___ bis ___:___

- ○ Dressur (Englisch)
- ○ Gelände
- ○ Spaziergang an der Hand
- ○ Sonstiges
  _____
- ○ Dressur (Western)
- ○ Longe
- ○ Führanlage

**Trainingsverlauf:**
- ○ gleichbleibend

- ○ Springen
- ○ Bodenarbeit
- ○ Weide
- ○ Tendenz positiv ↑
- ○ Tendenz negativ ↓

Medikamentengabe:

Ergänzungsfuttermittel:

Besondere Hinweise:

---

Datum:
Zeit: ___:___ bis ___:___

- ○ Dressur (Englisch)
- ○ Gelände
- ○ Spaziergang an der Hand
- ○ Sonstiges
  _____
- ○ Dressur (Western)
- ○ Longe
- ○ Führanlage

**Trainingsverlauf:**
- ○ gleichbleibend

- ○ Springen
- ○ Bodenarbeit
- ○ Weide
- ○ Tendenz positiv ↑
- ○ Tendenz negativ ↓

Medikamentengabe:

Ergänzungsfuttermittel:

Besondere Hinweise:

# Mein Trainings-Tagebuch für Pferde

**Notizen:**